QU'EST-CE QUE C'EST ?
Pour le savoir, tourne la page !

C'est la bouche d'un jeune dauphin affamé. Sur la page précédente, tu vois ses dents à leur taille réelle.

Un grand merci à Gérard Soury, photographe
et écrivain de la nature, pour ses conseils.

Crédits photos : Dauphin couverture © Shutterstock/Snowshill ; Dauphins p.2-3 et p. 4 © Shutterstock/Tata ; Dauphin p.8-9 © Shutterstock/Four Oaks ; Orque p.9 © Shutterstock/Christopher Meder - Photography ; Narval p.9 © Shutterstock/Andreas Meyer ; Dauphin d'Amazonie p.9 © Shutterstock/Compuinfoto ; Cachalot p.9 © gerardsoury.net ; Dauphins p.12 © Shutterstock/Cindy Davenport ; Dauphin p.18 © Shutterstock/Kristian Sekulic ; Dauphins chassant des sardines p.18 © gerardsoury.net

Loi n°49-956 du 16 juillet 1949
sur les publications destinées à la jeunesse.

ISBN : 978-2-09-252508-1
N° d'éditeur : 10177794
Dépôt légal : mai 2011
Imprimé en Malaisie

KIDIDOC animaux

les dauphins

Delphine Grinberg

Illustrations de Pierre Caillou

Nathan

Un livre à explorer...

PRÊT ?

CONNAIS-TU BIEN LES DAUPHINS ?

Les dauphins sont d'énormes poissons.
Vrai ou faux ?

Les dauphins respirent sous l'eau.
Vrai ou faux ?

Tous les dauphins ont des dents.
Vrai ou faux ?

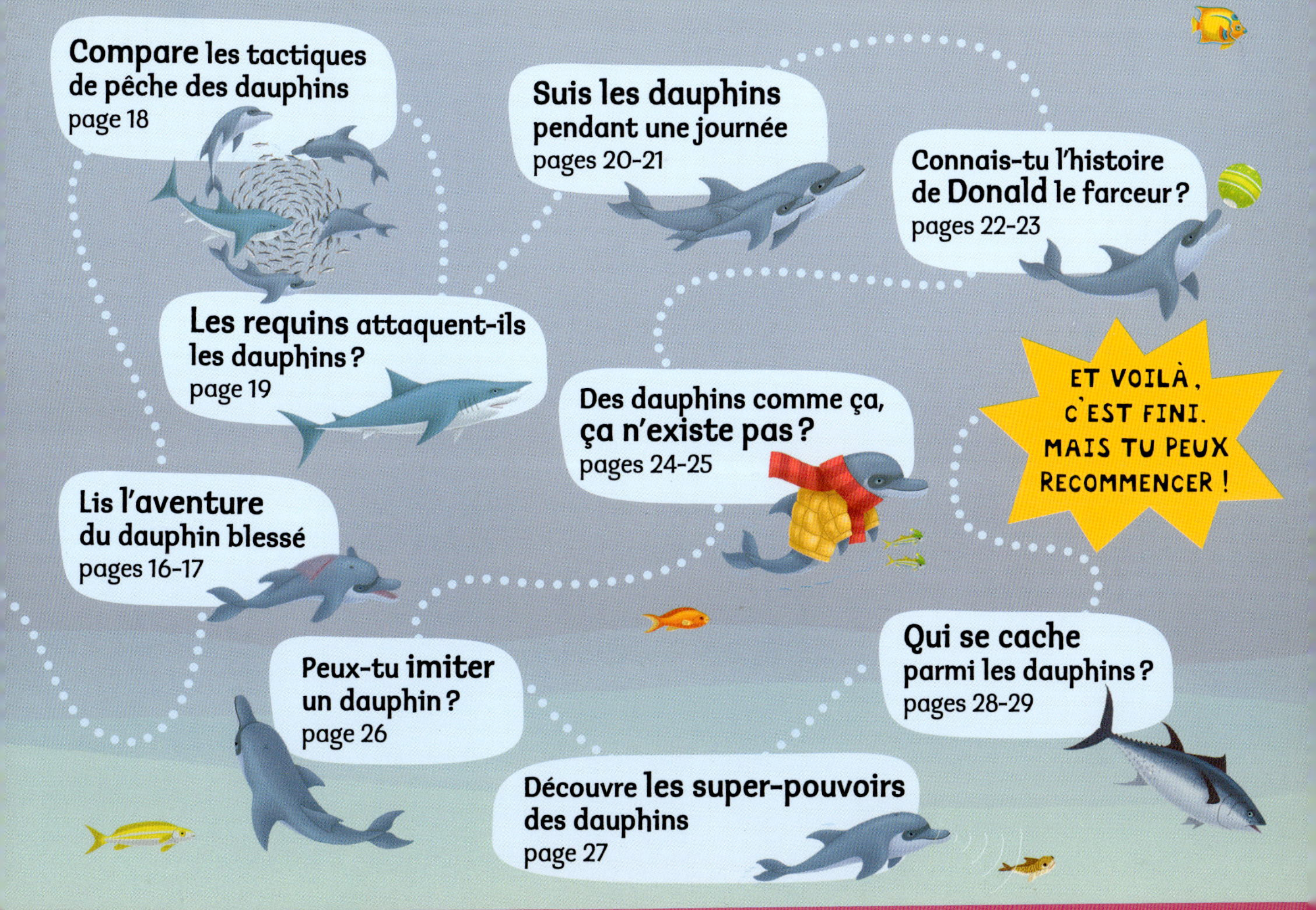

Les dauphins sourient tout le temps.
Vrai ou faux ?

L'orque et le narval sont des dauphins.
Vrai ou faux ?

De 0 à 3 bonnes réponses :
si tu explores ce livre, tu sauras répondre à toutes les questions.

Plus de 4 bonnes réponses :
félicitations ! tu connais mieux les dauphins que beaucoup de grandes personnes.

Si tu étais un dauphin...

... tu vivrais sous l'eau. Tu pourrais tout y faire, sauf... respirer ! Pour cela, nuit et jour, tu devrais monter régulièrement à la surface.

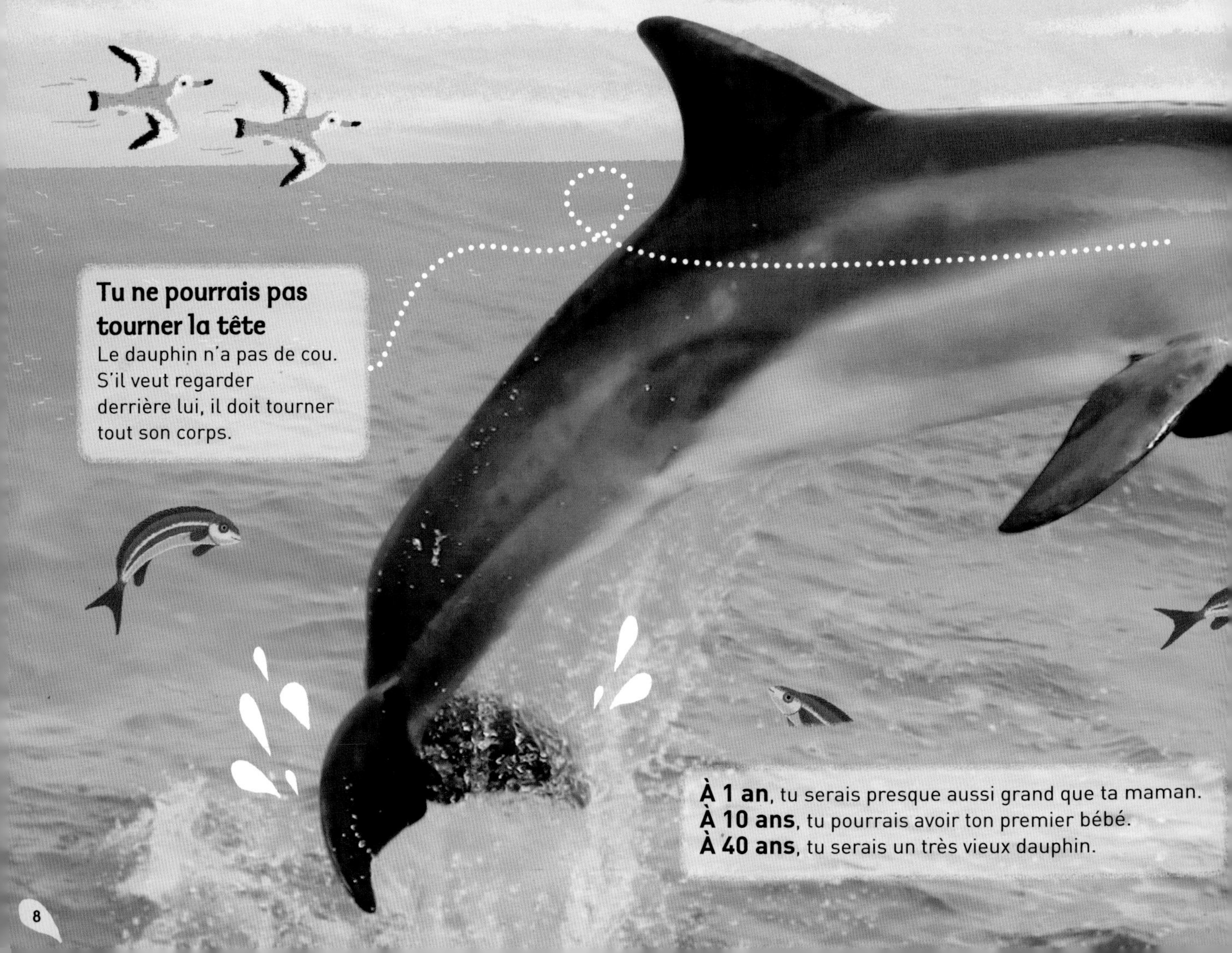

Tu ne pourrais pas tourner la tête

Le dauphin n'a pas de cou. S'il veut regarder derrière lui, il doit tourner tout son corps.

À 1 an, tu serais presque aussi grand que ta maman.
À 10 ans, tu pourrais avoir ton premier bébé.
À 40 ans, tu serais un très vieux dauphin.

ET TOI ?

Aimerais-tu être un de ces cousins du dauphin ?

Ton nez serait un trou, appelé « évent »

Le dauphin respire grâce à ce trou situé sur son crâne. Il s'ouvre quand le dauphin monte à la surface de l'eau et se ferme quand il plonge.

Tu aurais l'air de sourire tout le temps

Le dauphin a l'air content même quand il est fâché. C'est la forme de sa mâchoire qui donne cette impression.

Tu entendrais grâce à ta mâchoire

Le dauphin entend mieux que les hommes. Les sons entrent dans le crâne par sa mâchoire inférieure et par deux minuscules oreilles situées derrière les yeux.

Une orque

Un narval

Un dauphin d'Amazonie

Un cachalot

La marraine du bébé dauphin

1 Vois-tu la maman dauphin au ventre tout rond qui attend un bébé ? Une amie l'accompagne partout : c'est la marraine.

2 La queue du bébé sort du ventre de la maman. C'est un moment dangereux. Attention ! Un requin approche...

3 Les dauphins font fuir le requin. Ouf ! Pendant ce temps, la marraine pousse le delphineau qui vient de naître à la surface pour qu'il respire. Il se tortille, il n'est pas content.

4 Le bébé a faim. La maman lui envoie un grand jet de lait dans la bouche. Raté ! tout part dans l'eau. Elle recommence : cette fois-ci, ça y est ! Mmm... Il se régale.

5 Pendant que sa maman pêche, le petit reste avec sa marraine. Elle est comme sa deuxième maman ! Dès qu'il sera un peu plus grand, elle lui apprendra à sauter et à attraper des poissons.

ET TOI ?

Es-tu né dans un endroit dangereux, comme le delphineau ?

La marraine ne quitte pas la future maman plusieurs jours avant la naissance. Elle l'aide à accoucher et elle s'occupe du delphineau pendant quelques mois. Sans elle et le clan qui le protègent, un bébé aurait peu de chances de survivre à tous les dangers de la mer.

Les dauphins aiment-ils les caresses ?

Ils adorent les caresses des autres dauphins. Leur peau est douce et très sensible.

Les caresses préférées des dauphins

Ils se frottent corps contre corps et se câlinent avec leurs nageoires ou leur menton. Ils aiment aussi se faire chatouiller par les vagues, les bulles et les algues.

Ce dauphin a-t-il envie de caresses ?

S'il ne connaît pas la petite fille, il risque de s'enfuir ou de la mordre. Quand on nage pour la première fois avec un dauphin, il faut bouger calmement, sans essayer de l'attraper ni de le caresser pour lui laisser le temps de s'habituer à nous. C'est lui qui décidera s'il nous adopte.

Devine ce que font ces dauphins !

ces dauphins attaquent-ils les hommes ?

ce dauphin mange-t-il l'oiseau ?

ces dauphins bronzent-ils sur la plage ?

ce dauphin est-il ami avec le petit garçon ?

Que se passe-t-il sous l'eau ?

Quand on est sur un bateau, on ne voit pas tout ce que font les dauphins au fond de l'eau. Et pourtant, quelle activité !

SUR CETTE IMAGE, VOIS-TU...

... 4 dauphins qui portent leur ami blessé à la suface pour qu'il puisse respirer ?

... un dauphin qui va avaler un sac en plastique ? Il l'a confondu avec une méduse appétissante.

... un dauphin qui joue à faire des anneaux de bulles ?

... 2 dauphins qui se font des câlins avec leurs nageoires ?

... un dauphin qui recrache les arêtes d'un poisson qu'il a mangé ?

... un grand bébé qui tète sa maman ?

... un delphineau en train de naître ?

... 3 orques et 2 requins qui cherchent un dauphin bien tendre pour leur repas ?

... 2 dauphins qui attrapent les oiseaux par les pattes et les tirent sous l'eau ?

... un dauphin qui s'est coincé dans un filet ?

AS-TU VU D'AUTRES CHOSES ?

L'accident du dauphin

1 Oh, les beaux dauphins ! Ils jouent et sautent autour du bateau. Les marins sont émerveillés, mais un peu inquiets quand les dauphins plongent près de l'hélice.

2 Scraaac ! Catastrophe, un dauphin est touché par l'hélice. Il disparaît sous l'eau. Les marins sont désolés. Ils ne savent pas quoi faire pour l'aider, alors ils s'en vont.

3 Le dauphin est blessé. Son dos saigne. Vite, ses compagnons plongent et l'entourent.

ET TOI ? As-tu déjà aidé un ami qui s'était fait mal ?

4 Le plus costaud se glisse sous son ventre et le soulève à la surface afin qu'il respire. Pendant des heures, les dauphins se relaient pour le porter.

5 Un mois plus tard, le dauphin a une vilaine cicatrice, mais il est sauvé. Il est prêt à faire des cabrioles avec ses amis. Tiens, tiens ! Un bateau arrive. Va-t-il s'en approcher ?

Les dauphins sont très intéressés par les bateaux. Ils aiment bondir autour, plonger dessous et jouer avec les vagues. Mais ce jeu devient dangereux quand ils s'approchent trop. Beaucoup de dauphins ont des cicatrices causées par des hélices.

Comment les dauphins attrapent-ils les poissons ?

Si tu étais un dauphin, tu devrais pêcher chaque jour des poissons pour te nourrir. Ce n'est pas facile : un poisson, ça glisse et ça gigote ! Mais les dauphins ont inventé des tactiques de pêche très rusées.

La tactique de la boule de sardines

Plusieurs dauphins encerclent un banc de sardines. Ils obligent les poissons à nager en rond, jusqu'à former comme une grosse boule. Puis ils foncent au milieu, la bouche grande ouverte pour gober leur repas.

En Afrique, les dauphins poussent les poissons dans les filets des pêcheurs et se servent au passage.

Le grand dauphin avale le poisson entier et vivant.

Il ne peut pas mâcher car ses 400 dents sont trop pointues et sa mâchoire bouge seulement de haut en bas. Le poisson part dans un estomac broyeur. Quelques temps après, le dauphin recrache les arêtes.

Les **dauphins** et les **requins** sont-ils amis ?

En général, pas du tout : les requins attaquent les dauphins les plus faibles pour les manger. Mais si un banc de poissons passe entre eux, dauphins et requins s'associent parfois pour mieux pêcher.

Des ennemis...
Si un requin s'approche d'un delphineau, les dauphins lui donnent de grands coups de bec dans le ventre, son point faible. Le requin tente de les mordre mais s'ils sont trop nombreux, il s'enfuit.

... parfois alliés !
Les requins et les dauphins pêchent les mêmes bancs de poissons. Parfois, il y a tellement de nourriture qu'ils ne pensent pas à s'attaquer.

La journée des dauphins

Que font les dauphins du matin au soir ?

Donald, le dauphin farceur !

1 Des plongeurs aperçoivent un grand dauphin sauvage qui les observe ! Chaque jour, il s'approche un peu plus : les hommes l'appellent « Donald ».

2 Donald aime beaucoup se faire caresser par les enfants. Parfois il en promène un, cramponné à sa nageoire ou à son bec.

3 Donald est farceur. Il bouscule des bateaux. Il mord les rames. Il tire les filets des pêcheurs. Sacré coquin ce dauphin !

ET TOI ?

Connais-tu un animal sauvage qui est devenu l'ami des hommes ?

4 Un jour, un plongeur perd son appareil photo au fond de l'eau. Donald l'emmène jusqu'à l'endroit où il est tombé.

5 Une fois, Donald aide même un plongeur qui se noie en le ramenant à son bateau et il reste avec lui jusqu'à ce qu'il se sente mieux.

6 Au bout de 6 ans, il repart dans le vaste océan et il disparaît. Peut-être pour rejoindre d'autres dauphins ?

Donald a vraiment existé : les plongeurs l'ont découvert en Angleterre en 1972. C'était un dauphin exceptionnel. Il existe quelques dizaines de dauphins dans le monde qui viennent librement rencontrer les hommes et jouer avec eux.

Des dauphins comme ça, ça n’existe pas ?

Dans les histoires, les petits dauphins vivent dans une famille qui ressemble à la tienne. Mais dans la réalité, c’est différent.

Une maman dauphin qui punit son petit, ça existe ?

Oui. Si le petit désobéit, sa maman lui donne un coup de bec pour le punir.

Un dauphin qui s'habille, ça existe ?

Non. Les dauphins n'ont pas besoin d'habits ! Ils peuvent nager dans l'eau glaciale, sans avoir froid. Pourquoi ? Sous leur peau, une épaisse couche de graisse les protège.

Un dauphin qui aime les jouets, ça existe ?

Oui. Les dauphins s'amusent avec des algues, des coquillages, des cailloux, des bouteilles. Ils jouent avec des ballons quand ils en trouvent.

Un dauphin qui offre un cadeau, ça existe ?

Oui. On a vu des dauphins offrir un coquillage ou un poisson à un être humain qu'ils aimaient bien. Mais le cadeau n'était pas emballé !

Peux-tu **imiter** un dauphin ?

Comme toi, les dauphins nagent, respirent, sautent… mais d'une façon différente. Essaie de les imiter !

Peux-tu **sauter** comme un dauphin ?

Il a plusieurs façons de sauter.
Peux-tu sauter sur le côté en faisant beaucoup de bruit et des éclaboussures ?

EST-CE DRÔLE ?

Peux-tu tenir **debout** dans l'eau comme un dauphin ?

Pour rester la tête hors de l'eau, le dauphin agite ses nageoires. Il peut même sortir le corps en entier !

EST-CE DIFFICILE ?

Peux-tu **nager** comme un dauphin ?

Sa queue bat de haut en bas.
Il ondule près de la surface : on dit qu'il marsouine.
Il nage 6 fois plus vite qu'un champion de natation.

EST-CE FATIGANT ?

De super-pouvoirs

Les dauphins peuvent faire facilement certaines choses qu'aucun champion ne pourra jamais réussir même en s'entraînant énormément.

LES DAUPHINS SAUTENT TRÈS HAUT !

Ils bondissent à 7 mètres de haut : c'est comme si tu sautais sur le toit d'un immeuble de 2 étages. Ils font aussi des pirouettes !

LEUR SECRET ?

Ils utilisent leur queue très musclée qui les propulse vers le haut.

LES DAUPHINS DORMENT À MOITIÉ !

Ils dorment à la surface de l'eau pour continuer à respirer. Si un danger approche, ils se réveillent très vite !

LEUR SECRET ?

Une moitié de leur cerveau se repose pendant que l'autre reste éveillée.

LES DAUPHINS VOIENT L'INVISIBLE !

Ils peuvent trouver des poissons cachés sous 30 centimètres de sable. Ils les repèrent aussi dans le noir complet.

LEUR SECRET ?

Des « clic-clic-clic » ! Ces sons qu'ils envoient reviennent vers eux comme un écho, en leur signalant qu'ils ont rencontré un poisson.

Qui se **cache** au milieu des dauphins ?

VOIS-TU LES 3 INTRUS ?

Réponse : un requin, un thon et un phoque.